Ⅰ. 表示・標識の用語

※	Tachiiri kinshi たちいりきんし **立入禁止**
英語	Keep Out
中国語	禁止入内
ベトナム語	Cấm vào
ポルトガル語	Entrada proibida
ネパール語	प्रवेश निषेध

※	Kaki genkin かきげんきん **火気厳禁**
英語	Highly Flammable
中国語	严禁火种
ベトナム語	Cấm lửa
ポルトガル語	Proibido acender fogo
ネパール語	आगो सख्त निषेध

I. 表示・標識の用語

※	Unten kinshi / kidô kinshi うんてんきんし／きどうきんし **運転禁止／起動禁止**
英語	Operation prohibited / Do not turn on
中国語	禁止运转／禁止启动
ベトナム語	Cấm vận hành/Cấm khởi động
ポルトガル語	Proibido conduzir/Proibido operar
ネパール語	चलाउन निषेध

※	tsûkô kinshi つうこうきんし **通行禁止**
英語	No Thoroughfare
中国語	禁止通行
ベトナム語	Cấm đi lại
ポルトガル語	Passagem proibida
ネパール語	बाटो बन्द

Kaihô genkin
かいほうげんきん
開放厳禁

英語	Keep closed
中国語	严禁开放
ベトナム語	Cấm mở
ポルトガル語	Proibido deixar aberto
ネパール語	खुल्ला राख्न सख्त मनाही

Dosoku genkin
どそくげんきん
土足厳禁

英語	Street shoes strictly prohibited
中国語	严禁穿鞋入内
ベトナム語	Cấm đi giầy dùng để đi bên ngoài
ポルトガル語	Proibido andar de sapato
ネパール語	बाहिर लगाउने जुता सख्त मनाही

I. 表示・標識の用語

※	Shôkô kinshi しょうこうきんし **昇降禁止**
英語	Ascent/Descent Prohibited
中国語	禁止升降
ベトナム語	Cấm lên xuống
ポルトガル語	Proibido subir ou descer
ネパール語	उक्लिन र ओर्लिन निषेध

※	Tebukurochakuyô kinshi てぶくろちゃくようきんし **手袋着用禁止**
英語	Gloves Prohibited
中国語	禁止帯手套
ベトナム語	Cấm đeo găng tay
ポルトガル語	Proibido utilizar luvas
ネパール語	पन्जा लगाउन निषेध

	Sawaruna さわるな **触るな**
英語	Do not touch
中国語	不要触摸
ベトナム語	Không được sờ vào
ポルトガル語	Não toque
ネパール語	छुन मनाही छ।

	Teo ireruna てをいれるな **手を入れるな**
英語	Do not put hands in
中国語	不要将手伸入
ベトナム語	Không được cho tay vào
ポルトガル語	Não coloque as mãos
ネパール語	हात हाल्न मनाही छ।

Ⅰ. 表示・標識の用語

	Hashiruna 走るな _{はし}
英語	Do not run
中国語	不要奔跑
ベトナム語	Không được chạy
ポルトガル語	Não corra
ネパール語	दौड्न मनाही छ।

	Noseruna 載せるな _{の　せ　る　な}
英語	Do not place objects
中国語	不要装载
ベトナム語	Không được đặt chồng lên trên
ポルトガル語	Não empilhar
ネパール語	माथि राख्न मनाही छ।

※ ⚠️	Kiken きけん **危険**
英語	Warning
中国語	危险
ベトナム語	Nguy hiểm
ポルトガル語	Perigo
ネパール語	खतरा

※	Kôon chûi こうおんちゅうい **高温注意**
英語	Hot, do not touch
中国語	注意高温
ベトナム語	Lưu ý nhiệt độ cao
ポルトガル語	Atenção: temperatura alta
ネパール語	उच्च तापक्रम होसियार

I. 表示・標識の用語

※	Ashimo tochûi あしもとちゅうい **足元注意**
英語	Watch your step
中国語	注意脚下
ベトナム語	Lưu ý dưới chân
ポルトガル語	Atenção ao andar
ネパール語	पाइला टेक्दा होसियार

※	Zujo chûi ずじょうちゅうい **頭上注意**
英語	Watch your head
中国語	注意头上
ベトナム語	Lưu ý trên đầu
ポルトガル語	Atenção com a cabeça
ネパール語	टाउको ठोक्नबाट होसियार

	Dansa chûi だんさちゅうい **段差注意**
英語	Mind the gap
中国語	注意高低差
ベトナム語	Lưu ý có chênh lệch độ cao
ポルトガル語	Atenção: degrau
ネパール語	खुट्किलामा होसियार

	Kaihei chûi かいへいちゅうい **開閉注意**
英語	Open with care
中国語	注意开闭
ベトナム語	Lưu ý khi đóng mở
ポルトガル語	Abrir com cuidado
ネパール語	ढोका खोल्दा र बन्दा गर्दा सावधान

I. 表示・標識の用語

※	Kanden chûi かんでんちゅうい **感電注意**
英語	Electrical Hazard
中国語	小心触电
ベトナム語	Lưu ý giật điện
ポルトガル語	Perigo de choque
ネパール語	करेन्ट लाग्नबाट होसियार

※	Kaikoubu chûi かいこうぶちゅうい **開口部注意**
英語	Take care around opening
中国語	注意开口部
ベトナム語	Lưu ý bộ phận hở
ポルトガル語	Atenção com a abertura
ネパール語	खुल्ने ढोकामा होसियार

	Tenkenchû てんけんちゅう **点検中**
英語	Under Inspection
中国語	检查中
ベトナム語	Đang kiểm tra
ポルトガル語	Em manutenção
ネパール語	निरीक्षण भइरहेको

	Shûrichû しゅうりちゅう **修理中**
英語	Under Repair
中国語	维修中
ベトナム語	Đang sửa chữa
ポルトガル語	Em reparos
ネパール語	मर्मत सम्भार कार्य हुँदै छ।

Ⅰ. 表示・標識の用語

	Koshôchû こしょうちゅう **故障中**
英語	Out of order
中国語	故障中
ベトナム語	Đang hỏng
ポルトガル語	Com defeito
ネパール語	बिग्रिएको छ।

※	Aizu/Aizukakunin あいず／あいずかくにん **合図／合図確認**
英語	Signal / Watch for signal
中国語	信号／确认信号
ベトナム語	Ra hiệu/ xác nhận ám hiệu
ポルトガル語	Sinal/Checar sinal
ネパール語	संकेत/संकेतलाई राम्ररी हेर्ने

	Sayû kakunin さゆうかくにん **左右確認**
英語	Look both ways
中国語	确认左右
ベトナム語	Kiểm tra phải, trái
ポルトガル語	Checar esquerda e direita
ネパール語	दायाँ बायाँ हेर्ने

	Ichijiteishi いちじていし **一時停止**
英語	Stop
中国語	暂停
ベトナム語	Tạm dừng
ポルトガル語	Parada temporária
ネパール語	एक छिन रोक्ने

Ⅰ. 表示・標識の用語

※	Hogogu chakuyô ほごぐちゃくよう **保護具着用**
英語	Wear protective equipment
中国語	穿戴防护用具
ベトナム語	Sử dụng dụng cụ bảo hộ
ポルトガル語	Usar equipamento de proteção
ネパール語	सुरक्षा लुगा तथा बस्तु लगाउने

※	Mimisen chakuyô みみせんちゃくよう **耳栓着用**
英語	Wear ear protection
中国語	戴上耳塞
ベトナム語	Sử dụng bịt tai
ポルトガル語	Usar protetor auricular
ネパール語	कान बन्द गर्ने बस्तु लगाउने

	Bôjinmasuku chakuyô ぼうじんますくちゃくよう **防じんマスク着用**
英語	Wear dust mask.
中国語	戴上防尘面罩
ベトナム語	Đeo mặt nạ chống bụi
ポルトガル語	Usar máscara contra poeira
ネパール語	धूलो मास्क लगाउने

	Bôdokumasuku chakuyô ぼうどくますくちゃくよう **防毒マスク着用**
英語	Wear gas mask
中国語	戴上防毒面罩
ベトナム語	Đeo mặt nạ chống độc
ポルトガル語	Usar máscara antigás
ネパール語	ग्याँस मास्क लगाउने

I. 表示・標識の用語

Hogomegane chakuyô
保護めがね着用
ほごめがねちゃくよう

英語	Wear safety goggles
中国語	戴上防护镜
ベトナム語	Đeo kính bảo hộ
ポルトガル語	Usar óculos de proteção
ネパール語	सुरक्षा चस्मा लगाउने

Anzentai chakuyô
安全帯着用
あんぜんたいちゃくよう

英語	Wear safety belt
中国語	系上安全带
ベトナム語	Thắt đai an toàn
ポルトガル語	Usar cinto de segurança
ネパール語	सुरक्षा पेटी बाँध्ने

Hogobô chakuyô
ほごぼうちゃくよう
保護帽着用

英語	Wear safety helmet
中国語	戴上安全帽
ベトナム語	Đội mũ bảo hộ
ポルトガル語	Usar chapéu de segurança
ネパール語	हेल्मेट लगाउने

Tebukuro chakuyô
てぶくろちゃくよう
手袋着用

英語	Wear protective gloves
中国語	戴上手套
ベトナム語	Đeo găng tay
ポルトガル語	Usar luvas
ネパール語	पन्जा लगाउने

Ⅰ. 表示・標識の用語

	Anzengutsu chakuyô あんぜんぐつちゃくよう **安全靴着用**
英語	Wear safety shoes
中国語	穿上防护靴
ベトナム語	Đi giầy bảo hộ
ポルトガル語	Usar calçado de segurança
ネパール語	सुरक्षा जुत्ता लगाउने

	Tearai reikô てあらいれいこう **手洗い励行**
英語	Wash your hands
中国語	勤洗手
ベトナム語	Phải thực hiện rửa tay
ポルトガル語	Lave bem as mãos
ネパール語	हात धुन जोड दिने

	Seiri・Seiton・Seisô・Seiketsu (Yon esu) せいり・せいとん・せいそう・せいけつ（よんえす） **整理・整頓・清掃・清潔 (4S)**
英語	Sort, Set in order, Shine and Standardize
中国語	整理・整顿・清扫・清洁
ベトナム語	Sắp xếp, sàng lọc, quét dọn, sạch sẽ
ポルトガル語	Organização, ordenação, limpeza, higiene
ネパール語	व्यवस्थित रूपमा मिलाएर राख्ने र सरसफाइ गर्ने

	Anzen tsûro あんぜんつうろ **安全通路**
英語	Safety aisle
中国語	安全通道
ベトナム語	Đường an toàn
ポルトガル語	Corredor de segurança
ネパール語	सुरक्षित बाटो

Ⅰ. 表示・標識の用語

Hijôguchi
ひじょうぐち
非常口

英語	Emergency exit
中国語	紧急出口
ベトナム語	Cửa thoát hiểm
ポルトガル語	Saída de emergência
ネパール語	आपतकालीन ढोका

Hijôkaidan
ひじょうかいだん
非常階段

英語	Emergency staircase
中国語	疏散楼梯
ベトナム語	Cầu thang thoát hiểm
ポルトガル語	Escada de emergência
ネパール語	आपतकालीन भर्याङ्ग

Kyûgosho
きゅうごしょ
救護所

英語	First-aid station
中国語	救护站
ベトナム語	Nơi cứu hộ
ポルトガル語	Posto de primeiros socorros
ネパール語	प्राथमिक उपचार कक्ष

Kyûkyûbako
きゅうきゅうばこ
救急箱

英語	First-aid kit
中国語	急救箱
ベトナム語	Hộp cứu thương
ポルトガル語	Caixa de primeiros socorros
ネパール語	प्राथमिक उपचार बाकस

Ⅰ. 表示・標識の用語

	Shôkaki しょうかき **消火器**
英語	Fire extinguisher
中国語	灭火器
ベトナム語	Bình cứu hỏa
ポルトガル語	Extintor de incêndio
ネパール語	आगो निभाउने यन्त्र

	Shôkasen しょうかせん **消火栓**
英語	Fire hydrant
中国語	灭火栓
ベトナム語	Vòi cứu hỏa
ポルトガル語	Hidrante
ネパール語	आगो निभाउने पानी तान्ने पाइप

Kinkyûyô shawâ
きんきゅうようしゃわー
緊急用シャワー

英語	Emergency shower
中国語	应急淋浴
ベトナム語	Vòi hoa sen dùng khi khẩn cấp
ポルトガル語	Chuveiro para emergência
ネパール語	आपतकालिन नुहाउने धारा

Senganki
せんがんき
洗眼器

英語	Eye washer
中国語	洗眼机
ベトナム語	Máy rửa mắt
ポルトガル語	Máquina para lavar os olhos
ネパール語	आँखा धुने उपकरण

I. 表示・標識の用語

	Kasai keihôki か さ い け い ほ う き **火災警報器**
英語	Fire alarm
中国語	火灾警报器
ベトナム語	Máy báo hỏa hoạn
ポルトガル語	Alarme de incêndio
ネパール語	आगो लागेको चेतावनी दिने घण्टी

Ⅱ. 事故の型・疾病・危険有害要因

	Tsuiraku 墜落（ついらく）
英語	Falling（Fall from high place）
中国語	坠落
ベトナム語	Ngã từ trên cao xuống
ポルトガル語	Queda
ネパール語	अग्लो ठाउँबाट खसेको

	Tenraku 転落（てんらく）
英語	Falling（Fall down slope）
中国語	跌落
ベトナム語	Ngã xuống
ポルトガル語	Escorregamento
ネパール語	अग्लो ठाउँबाट लडेको

Ⅱ. 事故の型・疾病・危険有害要因

	Tentô てんとう **転倒**
英語	Stumble
中国語	跌倒
ベトナム語	Ngã
ポルトガル語	Tropeço
ネパール語	भुँइमा लडेको

	Gekitotsu げきとつ **激突**
英語	Collision
中国語	剧烈冲撞
ベトナム語	Đâm va
ポルトガル語	Colisão
ネパール語	ठोकेको

	Hirai ひらい 飛来
英語	Object comes flying
中国語	飞来
ベトナム語	Bay đến
ポルトガル語	Projéteis
ネパール語	उडेर आएको

	Rakka らっか 落下
英語	Falling object
中国語	落下
ベトナム語	Rơi xuống
ポルトガル語	Despencamento
ネパール語	खसेको

Ⅱ. 事故の型・疾病・危険有害要因

	Hasamare はさまれ
英語	Caught in
中国語	夹住
ベトナム語	Bị kẹp
ポルトガル語	Imprensamento
ネパール語	च्यापेको

	Makikomare 巻き込まれ
英語	Rolled in
中国語	卷入
ベトナム語	Bị cuốn vào
ポルトガル語	Esmagamento
ネパール語	बेरिएको

	Kire 切れ
英語	Cut
中国語	划破
ベトナム語	Bị đứt
ポルトガル語	Corte
ネパール語	चुँडेको

	Kosure こすれ
英語	Abration
中国語	摩擦
ベトナム語	Bị xước xát
ポルトガル語	Raspão
ネパール語	घिस्सिएको

Ⅱ. 事故の型・疾病・危険有害要因

	Yôtsû ようつう **腰痛**
英語	Low back pain
中国語	腰痛
ベトナム語	Đau lưng
ポルトガル語	Dor lombar
ネパール語	ढाडको दुखाई

	Netchûshô ねっちゅうしょう **熱中症**
英語	Heat stroke
中国語	中暑
ベトナム語	Sốc nhiệt
ポルトガル語	Insolação
ネパール語	लु लाग्नु (गर्मीबाट हुने)

O₂	Sanketsu(Sanso ketsubôshô)
	さんけつ(さんそけつぼうしょう) **酸欠（酸素欠乏症）**
英語	Anoxia
中国語	缺氧（缺氧症）
ベトナム語	Thiếu ôxy (triệu chứng xảy ra khi thiếu ôxy)
ポルトガル語	Falta de oxigênio (hipóxia)
ネパール語	अक्सिजनको कमी (अक्सिजन कम हुने रोग)

	Chôdoku
	ちゅうどく **中毒**
英語	Poisoning
中国語	中毒
ベトナム語	Ngộ độc
ポルトガル語	Intoxicação
ネパール語	विष लागेको

Ⅱ. 事故の型・疾病・危険有害要因

	Bakuhatsubutsu ばくはつぶつ **爆発物**
英語	Explosives
中国語	爆炸物品
ベトナム語	Chất gây nổ
ポルトガル語	Material explosivo
ネパール語	विस्फोटक पदार्थ

	Kanenbutsu かねんぶつ **可燃物**
英語	Combustible
中国語	可燃物
ベトナム語	Chất gây cháy
ポルトガル語	Material inflamável
ネパール語	ज्वलनशील बस्तु

	Inkasei いんかせい **引火性**
英語	Flammable
中国語	起火性
ベトナム語	Tính dẫn lửa
ポルトガル語	Inflamabilidade
ネパール語	प्रज्वलनशील बस्तु

	Kayakurui かやくるい **火薬類**
英語	Explosives
中国語	火药类
ベトナム語	Loại thuốc nổ
ポルトガル語	Explosivos
ネパール語	बारूद

Ⅱ. 事故の型・疾病・危険有害要因

	Kihatsusei きはつせい **揮発性**
英語	Volatile
中国語	挥发性
ベトナム語	Tính bay hơi
ポルトガル語	Volatilidade
ネパール語	बाष्फीकरण हुने बस्तु

	Yûgaibutsu ゆうがいぶつ **有害物**
英語	Harmful substance
中国語	有害物品
ベトナム語	Chất có hại
ポルトガル語	Material tóxico
ネパール語	हानिकारक प्रदार्थ

	Yûkiyozai ゆうきようざい **有機溶剤**
英語	Organic solvent
中国語	有机溶剂
ベトナム語	Dung môi hữu cơ
ポルトガル語	Solvente orgânico
ネパール語	जैविक घोलनशील बस्तु

	Kôon jôki こうおんじょうき **高温蒸気**
英語	High temperature steam
中国語	高温蒸气
ベトナム語	Hơi nước nhiệt độ cao
ポルトガル語	Vapor em alta temperatura
ネパール語	उच्च तापक्रमको बाफ

Ⅱ. 事故の型・疾病・危険有害要因

	Kôatsu gasu こうあつがす **高圧ガス**
英語	Pressurized gas
中国語	高压气体
ベトナム語	Khí cao áp
ポルトガル語	Gás sob alta pressão
ネパール語	उच्च चाप ग्याँस

	Kôatsu denryû こうあつでんりゅう **高圧電流**
英語	High-voltage current
中国語	高压电
ベトナム語	Dòng điện cao áp
ポルトガル語	Alta voltagem
ネパール語	उच्च विधुत प्रवाह

—CO—	Issankatanso いっさんかたんそ **一酸化炭素**
英語	Carbon monoxide
中国語	一氧化碳
ベトナム語	Khí Các bon
ポルトガル語	Monóxido de carbono
ネパール語	कार्बनमोनोअक्साईड

	Funjin ふんじん **粉じん**
英語	Floating dust
中国語	粉尘
ベトナム語	Bụi
ポルトガル語	Poeira
ネパール語	धूलो र कण

II. 事故の型・疾病・危険有害要因

	Sôon そうおん **騒音**
英語	Noise
中国語	噪音
ベトナム語	Tiếng ồn
ポルトガル語	Barulho intenso
ネパール語	ध्वनि प्रदुषण

	Shindô しんどう **振動**
英語	Vibration
中国語	振动
ベトナム語	Rung
ポルトガル語	Vibrações
ネパール語	कम्पन

	Hôshasen ほうしゃせん **放射線**
英語	Radiation
中国語	辐射
ベトナム語	Tia phóng xạ
ポルトガル語	Radiação
ネパール語	रेडियो विकरण

III. 安全衛生一般

安全第一
Anzen daiichi / あんぜんだいいち

英語	Safety First
中国語	安全第一
ベトナム語	An toàn là trên hết
ポルトガル語	Segurança em primeiro lugar
ネパール語	सुरक्षा पहिलो प्राथमिकता

危険予知 (KY)
Kiken yochi / きけんよち

英語	Risk prediction
中国語	风险预测
ベトナム語	Dự đoán nguy hiểm
ポルトガル語	Prevenção de acidentes
ネパール語	जोखिम पूर्वानुमान

ゼロ災
Zerosai / ぜろさい

英語	Zero accidents
中国語	零灾害
ベトナム語	Không tai nạn
ポルトガル語	Zero acidentes
ネパール語	विपद शुन्य

労働災害
Rôdôsaigai / ろうどうさいがい

英語	Industrial accident
中国語	工伤
ベトナム語	Tai nạn lao động
ポルトガル語	Acidente de trabalho
ネパール語	श्रम दुर्घटना

不安全行動
Fuanzen kôdô
ふあんぜんこうどう

英語	Unsafe behavior
中国語	不安全行为
ベトナム語	Hành động không an toàn
ポルトガル語	Atitude insegura
ネパール語	असुरक्षित गतिविधि

不安全状態
Fuanzen jôtai
ふあんぜんじょうたい

英語	Unsafe conditions
中国語	不安全状态
ベトナム語	Tình trạng không an toàn
ポルトガル語	Condição insegura
ネパール語	असुरक्षित अवस्था

作業主任者
Sagyôshuninsha
さぎょうしゅにんしゃ

英語	Operations Chief
中国語	作业主任
ベトナム語	Người chịu trách nhiệm công việc
ポルトガル語	Responsável pela operação
ネパール語	अपरेशन चिफ

作業指揮者
Sagyôshikisha
さぎょうしきしゃ

英語	Operation Leader
中国語	作业指挥
ベトナム語	Người chỉ huy công việc
ポルトガル語	Condutor da operação
ネパール語	सुपरभाइजर

Ⅲ. 安全衛生一般

作業手順書
Sagyōtejunsho
さぎょうてじゅんしょ

英語	Job instruction sheet
中国語	作业步骤书
ベトナム語	Sổ tay trình tự công việc
ポルトガル語	Manual de operação
ネパール語	कार्य सम्पादन बिधि निर्देशिका

定期点検
Teiki tenken
ていきてんけん

英語	Periodic inspection
中国語	定期检查
ベトナム語	Kiểm tra định kỳ
ポルトガル語	Manutenção periódica
ネパール語	आवधिक निरीक्षण

作業前点検
Sagyozen tenken
さぎょうぜんてんけん

英語	Inspections prior to operation
中国語	作业前检查
ベトナム語	Kiểm tra trước khi bắt đầu công việc
ポルトガル語	Inspeção pré-operação
ネパール語	कार्य पूर्व निरीक्षण

安全パトロール
Anzen patorôru
あんぜんぱとろーる

英語	Safety patrol
中国語	安全巡查
ベトナム語	Tuần tra đảm bảo an toàn
ポルトガル語	Patrulha de segurança
ネパール語	सुरक्षा गस्ती

ヒヤリハット
Hiyarihatto
ひやりはっと

英語	Barely avoided accident / Near miss accident
中国語	隐患
ベトナム語	Thót tim, giật mình (Sự cố do không an toàn)
ポルトガル語	Quase-acidente
ネパール語	झण्डै दुर्घटना। जीउ नै सिरिङ्ग

報・連・相（報告・連絡・相談）
Hô・Ren・Sô (Hôkoku・Renraku・Sôdan)
ほう・れん・そう（ほうこく・れんらく・そうだん）

英語	Reporting, contacting, and consulting
中国語	报告・联络・咨询
ベトナム語	Ho-ren-so (Báo cáo - Liên lạc - Hỏi)
ポルトガル語	Reportar - Comunicar - Consultar
ネパール語	होउ, रेन, सो (जानकारी, सम्पर्क, सल्लाह)

止める・呼ぶ・待つ
Tomeru・Yobu・Matsu
とめる・よぶ・まつ

英語	Stop, call and wait
中国語	停止・呼叫・等待
ベトナム語	Dừng - Gọi - Chờ
ポルトガル語	Parar - Chamar - Esperar
ネパール語	रोक्ने, बोलाउने, पर्खने

指差し呼称
Yubisashi kosyô
ゆびさしこしょう

英語	Point and call
中国語	指差确认
ベトナム語	Chỉ tay hô thành tiếng
ポルトガル語	Apontar e falar (shisa kanko)
ネパール語	औंलाले देखाई नाम र अवस्था भन्ने

Ⅲ. 安全衛生一般

朝礼／始業前ミーティング
Chôrei/Shigyôzenmîteingu
ちょうれい/しぎょうぜんみーてぃんぐ

英語	Morning meeting / Start-up meeting
中国語	早会／班前会议
ベトナム語	Họp buổi sáng/ Họp trước khi bắt đầu công việc
ポルトガル語	Reunião da manhã/Reunião pré-operações
ネパール語	बिहानको मिटिङ्ग /काम सुरु हुनु अघिको मिटिङ्ग

安全装置
Anzensôchi
あんぜんそうち

英語	Safety device
中国語	安全装置
ベトナム語	Thiết bị an toàn
ポルトガル語	Equipamentos de segurança
ネパール語	सुरक्षा उपकरण

非常（緊急）停止ボタン
Hijô(kinkyû)teishibotan
ひじょう（きんきゅう）ていしぼたん

英語	Emergency stop button
中国語	紧急停止按钮
ベトナム語	Nút dừng bất thường (khẩn cấp)
ポルトガル語	Botão de interrupção de emergência (urgência)
ネパール語	आपतकालिन(आकस्मिक) रोक्ने बटन

ガード／安全柵
Gâdo/Anzensaku
がーど／あんぜんさく

英語	Guard / safety fence
中国語	防护栏/安全栏栅
ベトナム語	Tấm bảo vệ / rào an toàn
ポルトガル語	Cerca de proteção/segurança
ネパール語	गार्ड/सुरक्षा बार

安全カバー

Anzen kabâ
あんぜんかばー

英語	Safety cover
中国語	安全罩
ベトナム語	Vỏ bọc an toàn
ポルトガル語	Capa de segurança
ネパール語	सुरक्षा कभर

インターロック

Intârokku
いんたーろっく

英語	Interlock
中国語	联锁装置
ベトナム語	Khóa liên động
ポルトガル語	Trava de segurança (interlock)
ネパール語	इन्टरलक

光線式安全装置

Kôsenshikianzensôchi
こうせんしきあんぜんそうち

英語	Photoelectronic safety device
中国語	光线式安全装置
ベトナム語	Thiết bị an toàn dạng quang
ポルトガル語	Equipamento de luz de segurança
ネパール語	अप्टिकल सुरक्षा उपकरण

両手操作式安全装置

Ryôtesôsashikianzensôchi
りょうてそうさしきあんぜんそうち

英語	Two-handed safety device
中国語	双手操作式安全装置
ベトナム語	Thiết bị an toàn dạng hai tay
ポルトガル語	Equipamento de segurança bimanual
ネパール語	दुबै हात प्रयोग सुरक्षा उपकरण

索引

■ あ ■

あいず (合図)	13
あいずかくにん (合図確認)	13
あしもとちゅうい (足元注意)	9
あんぜんかばー (安全カバー)	46
あんぜんぐつちゃくよう (安全靴着用)	19
あんぜんさく (安全柵)	45
あんぜんそうち (安全装置)	45
あんぜんだいいち (安全第一)	41
あんぜんたいちゃくよう (安全帯着用)	17
あんぜんつうろ (安全通路)	20
あんぜんぱとろーる (安全パトロール)	43
いちじていし (一時停止)	14
いっさんかたんそ (一酸化炭素)	38
いんかせい (引火性)	34
いんたーろっく (インターロック)	46
うんてんきんし (運転禁止)	3

■ か ■

がーど (ガード)	45
かいこうぶちゅうい (開口部注意)	11
かいへいちゅうい (開閉注意)	10
かいほうげんきん (開放厳禁)	4
かきげんきん (火気厳禁)	2
かさいけいほうき (火災警報器)	25
かねんぶつ (可燃物)	33
かやくるい (火薬類)	34
かんでんちゅうい (感電注意)	11
きけん (危険)	8

きけんよち（危険予知）	41
きどうきんし（起動禁止）	3
きはつせい（揮発性）	35
きゅうきゅうばこ（救急箱）	22
きゅうごしょ（救護所）	22
きれ（切れ）	30
きんきゅうていしぼたん（緊急停止ボタン）	45
きんきゅうようしゃわー（緊急用シャワー）	24
げきとつ（激突）	27
こうあつがす（高圧ガス）	37
こうあつでんりゅう（高圧電流）	37
こうおんじょうき（高温蒸気）	36
こうおんちゅうい（高温注意）	8
こうせんしきあんぜんそうち（光線式安全装置）	46
こしょうちゅう（故障中）	13
こすれ（こすれ）	30

■ さ ■

さぎょうしきしゃ（作業指揮者）	42
さぎょうしゅにんしゃ（作業主任者）	42
さぎょうてじゅんしょ（作業手順書）	43
さぎょうぜんてんけん（作業前点検）	43
さゆうかくにん（左右確認）	14
さわるな（触るな）	6
さんけつ（さんそけつぼうしょう）（酸欠（酸素欠乏症））	32
しぎょうぜんみーてぃんぐ（始業前ミーティング）	45
しゅうりちゅう（修理中）	12
しょうかき（消火器）	23
しょうかせん（消火栓）	23
しょうこうきんし（昇降禁止）	5
しんどう（振動）	39

ずじょうちゅうい (頭上注意)	9
せいけつ (清潔)	20
せいそう (清掃)	20
せいとん (整頓)	20
せいり (整理)	20
ぜろさい (ゼロ災)	41
せんがんき (洗眼器)	24
そうおん (騒音)	39

■ た・な ■

たちいりきんし (立入禁止)	2
だんさちゅうい (段差注意)	10
ちゅうどく (中毒)	32
ちょうれい (朝礼)	45
ついらく (墜落)	26
つうこうきんし (通行禁止)	3
てあらいれいこう (手洗い励行)	19
ていきてんけん (定期点検)	43
てぶくろちゃくよう (手袋着用)	18
てぶくろちゃくようきんし (手袋着用禁止)	5
てをいれるな (手を入れるな)	6
てんけんちゅう (点検中)	12
てんとう (転倒)	27
てんらく (転落)	26
どそくげんきん (土足厳禁)	4
とめる・よぶ・まつ (止める・呼ぶ・待つ)	44
ねっちゅうしょう (熱中症)	31
のせるな (載せるな)	7

■ は ■

ばくはつぶつ (爆発物)	33

はさまれ (はさまれ)	29
はしるな (走るな)	7
ひじょうかいだん (非常階段)	21
ひじょうぐち (非常口)	21
ひじょうていしぼたん (非常停止ボタン)	45
ひやりはっと (ヒヤリハット)	44
ひらい (飛来)	28
ふあんぜんこうどう (不安全行動)	42
ふあんぜんじょうたい (不安全状態)	42
ふんじん (粉じん)	38
ほう・れん・そう (報・連・相)	44
ほうしゃせん (放射線)	40
ぼうじんますくちゃくよう (防じんマスク着用)	16
ぼうどくますくちゃくよう (防毒マスク着用)	16
ほごぐちゃくよう (保護具着用)	15
ほごぼうちゃくよう (保護帽着用)	18
ほごめがねちゃくよう (保護めがね着用)	17

■ ま・や・ら ■

まきこまれ (巻き込まれ)	29
みみせんちゃくよう (耳栓着用)	15
ゆうがいぶつ (有害物)	36
ゆうきようざい (有機溶剤)	36
ゆびさしこしょう (指差し呼称)	44
ようつう (腰痛)	30
よんえす (4S)	20
らっか (落下)	28
りょうてそうさしきあんぜんそうち (両手操作式安全装置)	46
ろうどうさいがい (労働災害)	41

ローマ字索引

Aizu(あいず) ………………………………… 13
Aizukakunin(あいずかくにん) ……………… 13
Anzegutsuchakuyô(あんぜんぐつちゃくよう) ……… 19
Anzendaiichi(あんぜんだいいち) …………………… 41
Anzenkabâ(あんぜんかばー) ……………………… 46
Anzenpatorôru(あんぜんぱとろーる) ……………… 43
Anzensaku(あんぜんさく) ………………………… 45
Anzensôchi(あんぜんそうち) ……………………… 45
Anzentaichakuyô(あんぜんたいちゃくよう) ……… 17
Anzentsûro(あんぜんつうろ) ……………………… 20
Ashimotochûi(あしもとちゅうい) ………………… 9
Bakuhatsubutsu(ばくはつぶつ) …………………… 33
Boudaokumasukuchakuyô(ぼうどくますくちゃくよう) … 16
Boujimmasukuchakuyô(ぼうじんますくちゃくよう) … 16
Chôrei(ちょうれい) ………………………………… 45
Chûdoku(ちゅうどく) ……………………………… 32
Dansachûi(だんさちゅうい) ……………………… 10
Dosokugenkin(どそくげんきん) …………………… 4
Fuanzenjôtai(ふあんぜんじょうたい) …………… 42
Fuanzenkôdô(ふあんぜんこうどう) ……………… 42
Funjin(ふんじん) …………………………………… 38
Gâdo(がーど) ……………………………………… 45
Gekitotsu(げきとつ) ……………………………… 27
Hasamare(はさまれ) ……………………………… 29
Hashiruna(はしるな) ……………………………… 7
Hijô(kinkyû)teishibotan(ひじょう(きんきゅう)ていしぼたん) 45

Hijôguchi(ひじょうぐち)	21
Hijôkaidan(ひじょうかいだん)	21
Hirai(ひらい)	28
Hiyarihatto(ひやりはっと)	44
Hogobôchakuyô(ほごぼうちゃくよう)	18
Hogoguchakuyô(ほごぐちゃくよう)	15
Hogomeganechakuyô(ほごめがねちゃくよう)	17
Hôkoku・Renraku・Sôdan(ほうこく・れんらく・そうだん)	44
Hoshasen(ほうしゃせん)	40
Hô・Ren・Sô(ほう・れん・そう)	44
Ichijiteishi(いちじていし)	14
Inkasei(いんかせい)	34
Intârokku(いんたーろっく)	46
Issannkatanso(いっさんかたんそ)	38
Kaiheichûi(かいへいちゅうい)	10
Kaihôgenkin(かいほうげんきん)	4
Kaikôbuchûi(かいこうぶちゅうい)	11
Kakigenkin(かきげんきん)	2
Kandenchûi(かんでんちゅうい)	11
Kanenbutsu(かねんぶつ)	33
Kasaikeihôki(かさいけいほうき)	25
Kayakurui(かやくるい)	34
kidoukinshi(きどうきんし)	3
Kihatsusei(きはつせい)	35
Kiken(きけん)	8
Kikenyochi(きけんよち)	41
Kinkyuyoshawâ(きんきゅようしゃわー)	24
Kire(きれ)	30

52

Kôatsudenryû(こうあつでんりゅう)	37
Kôatsugasu(こうあつがす)	37
Kôonchûi(こうおんちゅうい)	8
Kôonjôki(こうおんじょうき)	36
Kôsenshikianzensôchi(こうせんしきあんぜんそうち)	46
Koshôchû(こしょうちゅう)	13
Kosure(こすれ)	30
Kyûgosho(きゅごしょ)	22
Kyûkyûbako(きゅきゅうばこ)	22
Makikomare(まきこまれ)	29
Mimisenchakuyô(みみせんちゃくよう)	15
Netchûshô(ねっちゅうしょう)	31
Noseruna(のせるな)	7
Rakka(らっか)	28
Rôdôsaigai(ろうどうさいがい)	41
Ryôtesôsashikianzensôchi(りょうてそうさしきあんぜんそうち)	46
Sagyôshikisha(さぎょうしきしゃ)	42
Sagyôshuninsha(さぎょうしゅにんしゃ)	42
Sagyôtejunsho(さぎょうてじゅんしょ)	43
Sagyôzentenken(さぎょうぜんてんけん)	43
Sanketsu(さんけつ)	32
Sansoketsubôshô(さんそけつぼうしょう)	32
Sawaruna(さわるな)	6
Sayûkakunin(さゆうかくにん)	14
Seiketsu(せいけつ)	20
Seiri(せいり)	20
Seisô(せいそう)	20
Seiton(せいとん)	20

Senganki(せんがんき)	24
Shigyôzenmîteingu(しぎょうぜんみーてぃんぐ)	45
Shindô(しんどう)	39
Shôkaki(しょうかき)	23
Shôkasen(しょうかせん)	23
Shôkôkinshi(しょうこうきんし)	5
Shûrichû(しゅうりちゅう)	12
Sôon(そうおん)	39
Tachiirikinshi(たちいりきんし)	2
Tearaireikô(てあらいれいこう)	19
Tebukurochakuyô(てぶくろちゃくよう)	18
Tebukurochakuyôkinshi(てぶくろちゃくようきんし)	5
Teikitenken(ていきてんけん)	43
Tenkenchû(てんけんちゅう)	12
Tenraku(てんらく)	26
Tentô(てんとう)	27
Teoireruna(てをいれるな)	6
Tomeru・Yobu・Matsu(とめる・よぶ・まつ)	44
Tsuiraku(ついらく)	26
Tsûkôkinshi(つうこうきんし)	3
Untenkinshi(うんてんきんし)	3
Yon esu (よんえす)	20
Yôtsû(ようつう)	31
Yubisashikoshô(ゆびさしこしょう)	44
Yûgaibutsu(ゆうがいぶつ)	35
Yûkiyôzai(ゆうきようざい)	36
Zerosai(ぜろさい)	41
Zujôchui(ずじょうちゅうい)	9

5カ国語対訳単語帳
安全衛生パスポート

平成29年4月28日 第1版 第1刷 発行

編　　　者：中央労働災害防止協会
発　行　者：阿部　研二
発　行　所：中央労働災害防止協会
　　　　　　〒108-0023 東京都港区芝浦3-17-12 吾妻ビル9階
TEL〈販売〉：03 (3452) 6401
FAX〈編集〉：03 (3452) 6209
Ｕ　Ｒ　Ｌ：http://www.jisha.or.jp
印刷・イラスト・デザイン：(株) 太陽美術

 本書の内容は著作権法によって保護されています。本書の全部または一部を複写（コピー）、複製、転載すること（電子媒体への加工を含む）を禁じます。

© JISHA2017　21574-010
定価(本体500円+税)
ISBN978-4-8059-1749-7　C3060　¥500